JN410209

향은 고요해 소리 없고

강려후 시집

북랜드

자서

말을 잃어버렸습니다.

말 없는 소녀였고 말 없는 여자였습니다. 말이라는 걸 별로 하고 싶지 않아 주위는 언제나 낯설었습니다.

강물을 바라보며 둑길을 걷습니다.

순결한 자연, 바람이 사랑이고 빗소리가 연인입니다. 아름다움과 눈길을 맞출 수 있어 참 행복합니다.

시를 쓴 지 꽤 오래 되었습니다.

이제 부끄러움이 가셨나 봅니다. 푸른 꿈을, 마그마처럼 붉게 끓는 사유를 책으로 엮습니다.

독자의 가슴에 한 줄기 바람으로 다가가길 바라며……

고마운 분들에게, 내 가족에게 사랑을 전합니다.

선의산을 바라보며

강 려 후

차례

2부 누란의 눈길

3부 유월의 편지

4부 極樂寺 逍遙

해설

1부

매화 피었다

黃龍

사막으로 간 어머니,

깊이 음각된 가슴으로 모래에 긴 머리카락 부시고, 페가수스별자리는 열두 폭 오아시스에 잠기다

꿈길의 불목하니 가마솥 걸린 아궁이 다독이듯,

별빛 자지러지고 그 옛날 백아의 술대에서 나와 시공간 떠돌다 달빛에 퉁겨오는 거문고 가락에 어깨 들썩이다

이슬 젖어든 속눈썹 사이로 달 문 열리자, 솟을대문 훌쩍 넘은 黃龍 어머니의 수틀로 들어가고, 뒤뜰 돌샘에서는 상서로운 기운 고요히 쌓이다

블루 블랑

그 꽃을 아시나요
블루 블랑
그 꽃을 보셨나요
블루 블랑
그 향기는 어때요
블루 블랑

난 알아요 블루 블랑
난 보았지요 블루 블랑
몽골의 초원에서요 블루 블랑
동그란 네 개의 푸른 꽃잎
서로서로 어깨동무하고
동그란 향기 동글동글 글썽이며

블루 블랑을 꼭 닮은
핑크 블랑이랑 있었어요
하늘 그득하게 피어올랐어요
블루 블랑이랑 핑크 블랑이랑

실은 비밀인데 나 혼자만 알아요
아마 그들도
나 하나만 알고 있을 거여요
우리는 꿈 안의 꿈에서
비밀리에 만났거든요

바람이 불어요
향들이 춤을 추어요
블루 블랑 블루 블랑 블루 룰루 … …

매화 피었다

매화 피었다
매화 보아라
제자는 매화를 보고
스승은
드리운 문살을 세고

산 속에 눈 속에
문살 속에
매화 피었다

벙어리 매화 피었다
가지도 없는 둥치에
백매화 환히 피었다

향은 고요해 소리 없고
문풍지
절로 푸르르 떤다

러시아 少女

오동잎 툭툭 피어나는 가등 뒤로 긴 그림자 끌고 가는 콘트라베이스, 빙시레 빙싯 뒷걸음질해 그대 생명선의 세레나데 울먹인다

중세의 물병 같은 프로필 거대한 빙벽에서 떼어 내 전율하듯 청중 앞에 우뚝 서지만 심장에 봉해 놓은 러시아의 하얀 소녀

붉은 커튼 주름에 죽순처럼 웅크린 채 토슈즈 박힌 눈동자 시퍼렇게 비빈다 행여 눈알 털어내고 어둔 길 헤매도, 끝끝내 하얀 그림자에 묻힐 긴 손가락

부토니아*

밤새 뒤척이던 바람,
새벽자락 끌어당겨 별을 잠재웠습니다
들꽃은 칠보이슬로 말갛게 씻어
고운 미소 물었고
긴 잠에서 깬 신부는
비단치마 떨쳐입었습니다

그대여
들녘으로 가 태양빛에 몸 담그고
하늘과 땅의 기운 듬뿍 마셔요.
그리고
향기롭고 아름다운
들꽃 한 다발 만들어요
악령과 질병과 질시를 물리칠
순결한 신부를 보호할 향기로운 부케요

그 중,
형형한 한 떨기 부토니아

감사와 존경의 마음 가득 담아
당신의 가슴에 심어놓고
찬연한 유월의 신부로 남으렵니다
그대 눈길에 파르르 떠는
영원한 유월의 신부로요

* Boutnniere 어원: 신랑이 신부를 위해 들꽃으로 꽃다발을 만들어 주면 신부가 한 송이를 골라 신랑의 주머니에 꽂아주는 꽃.

새벽 비

벽오동 파르르
꽃빛 부시다

새벽 비
까치발로 오셨나 보다

옆집
하얀 少女 잠 깨울라

조심조심
벽오동 꽃봉오리
살포시 품고 가셨나 보다

사진 속의 연인

몇 사람 건너의 그대,

쓸쓸한 날의 어지럼증으로 카메라를 옆 사람에게 건네며 소맷자락을 끌었지요

단순한 시간이지만,

하얀 손에 들려 있던 샴페인 빛 미소 지으며 파인더 안으로 연인처럼 들어가

기억하지 않으려는 마음 앞서,

내게도 사진 보내 줘요 삶이 환하게 인화된 날 生佛의 미소 고즈넉이 머물고

그 사람

달빛 같은
송진 한 움큼 뿌리고
슬몃 비켜간
줄무늬든가 잿빛 셔츠든가
헐렁한 진에 멜빵을 한 그 사람

눈도 없고
코도 없는
소리도 마음도 없이
서늘한 미소 머금은 채
뒷모습의 그림자만 남기고 간 그 사람

서른셋
도도한 눈길을
빳빳이 풀 먹인 마음을
돌풍에 잠자리 휩쓸리듯
폭우에 갈대 휘둘리듯 휘청, 당겨 간 그 사람

그 - 저,

스쳐 지나친

그 --------- 사람

해당화

아서라
눈길 주지 마라
서러움이 짙어
네 맑은 눈 가릴지 몰라

아서라
손대지 마라
그리움에 지쳐
너 푸른 심장 멎을지 몰라

아서라
향도 맡지 마라
아픔이 독이 되어
널 안개 속에 묻을지 몰라

멀리서 바람소리 들어라
모래톱을 거니는
긴 숨소리 들어 보아라

사랑하기 전 사랑 잃다

내 사랑은 나보다 잎들이 먼저 아네, 잎들이 먼저 떨며 더듬거리기 전 위로하네 네 키가 네 오지랖이 이미 잎들을 유혹했나 보네

잎들이 뿜어 낸 이내에 싸여, 볼 수도 만질 수도 없는 너, 헤어질 수는 더구나 없네, 빛 스러지고 그늘 드리워져 모양 또한 모르네,

가슴에 알 슬어놓고 장미를 뱉어 내는 잎들, 생과 삶을 삼키고 긴 트림하네, 그대 생각하기 전 그대 잃고 나, 진흙 속으로 발 뻗네

그랬지요

풋보리 곁에 서성이는
바람 같은 미소,

윤기 자르르한 진지 상 마주하고
그대 한 입 또 한 입,
그랬지요

그대 내쉰 숨결에 얼굴 밀어 넣고
깊은 숨 들이쉬는,
그랬지요

향나무 옷걸이에 비단치마 곱게 걸고
누런 두루마기 겹쳐 걸어두고,
그랬지요

댓잎에 내리는 눈 소리에
풋 솜 넣은 이불도 잠 설치는,
그랬지요

신새벽 부신 눈길
커다란 발자국에 작은 자국 덧디디며,
그랬지요

꿈인가요? 깨지 마소서

아이스 와인

북풍을 담금질하다
때 늦은
디오니소스의 유혹에
가을을 찾은

금빛 향
비단자락에 젖어들자
덜컥 주저앉은 저 미망

유리잔에 자욱한 안개주의보
진주 향내에 취해
비틀
입속에 사랑시 한 그루 피운다

보고 또 보고

그는, 그녀의 들창코 칭칭 동여 눈 속에 얼려 놓고 유행가 가사로 결박했지요. '보고 또 보고 또 바라봐도' 팔만 개의 건반을 자재하는 귀신의 선율로 말입니다.

비린, 고기가 살지 못하는 사주팔자는 혼자서만 꽁꽁 설정해 둔 벚꽃 빛 목소리와 배꽃 가슴만 기억하려는 자존으로 청량하고 건강한 온기까지 털어 버렸구요.

그녀는, 그의 팔만 개 관절 결제해 놓고 그녀를 위해 해제했습니다 길 없는 길에 선율만 날리는 한 피아노일 뿐 지금쯤 그녀 지난날의 업 닦으며 미안하대요

있잖아요

라이트 그레이로 바꿔 주세요
예 알아요
올 봄에는 애플그린이 유행이라는 거요

내게는
시골스런 색이 어울리거든요
그래서 꽃무늬 원피스를 주문해 놓았어요
그 원피스에
애플그린을 걸치면 날아가 버릴 거여요

예 예
아님 체리핑크로 바꿀 수도 있어요
영
심심해 죽을 거 같으면요

하지만
어쩌면
반품할 수도 있어요

저고리요? 아니요.

어여쁜 꽃무늬 원피스요
대신
보랏빛 라일락 향을 두르지요 뭐

꽃무릇

난
널 알지 못한다
널 보지 못한다

멀리서 들었다
멀리서 보았다
너에 관한 많은 얘기들
아마 내가 널
깊이
알게 되고 보게 된다면
머리에 꽂을 것 같다
널
내 안에 들이는 일 없었으면 좋겠다
번뇌는 그만 할란다

내게로 오지 마라

2부
누란의 눈길

휘파람새의 웃음소리

뒷산 소나무 그리메에서 노랫소리 들린다
물 망 초 꿈꾸는, 에서 우산을 받쳐준 사람으로 가더니
연분홍치마가 봄바람에 휘날 리 더 라 ~ ~

세필처럼 가날프고 고운 음색에서 점 점 크리스탈처럼
청량하고 화려하게

순응하면서 살아온 여인의 恨이, 부끄러움이 가신 이제
사 자기애로 돌아서서 비상하려는 몸짓이다 아니다 번식이
끝난, 일찌감치 번식을 끝낸 여인의 허무한 옛 추억이 솔잎
을 타고 주르륵 미끄러진 슬픔이다 다시 귀를 기울여 본다
원하던 유전자를 가슴에 안은 아낙네의 자궁에서 나온 환
희다 아니다 천적으로부터 벗어난 휘파람새의 웃음소리다

그림 안으로 나오는

눈썹에 걸린 바다에서
파도 출렁출렁 틀을 넘쳐
纏足한 발을 깨운다

잠겼던 발에 피 돌음 일자
푸른 눈빛의 여자는
너울대는 몽유를 노 저어
무인도로 가는 문 톡 톡 톡 두드린다
그믐달은 낯가림하고
삼태성도 추파를 걷어 들였다.
폭풍우 밤물결에 투신하고

여자의 뇌파는 모래톱에 빠졌다
我相의 껍질 소금물에 절여 두고
말기 뜯어진 비단치마 자락자락 펼쳐 놓고
데워진 파라오 찾으러 스멀스멀 든다
홍조 띤 가슴은 바다풀로 동여매고
해저 팔만 리 禪 하러

때 맞춰
대왕조개에 큰 머리 물려 놓고
파라오의 심장 망막 깊숙이 새기고
밖으로 들 수 있을까 이 파랑 魂
초승달, 너는
어디서 生氣를 끄집어내었나?
푸른 돛에 서성이는 바람 사이로
뜨거운 光背 한 입 베어 물고
그림 안으로 나오는

나를 떠난 너

서원

아가야 너는
來生의 황녀인가 보다
빛 흐르고 향기 날으니

바다를 걷는 저 넋은
전생에 불행의 미라였다

날개를 달고
인형으로 머문 삶

앞날은
꽃바람 날으는
남으로 가는 길
저 높은 덩에 앉은 마음은

아가야
상서로운瑞 동산苑으로 가자

계수나무에 걸린 코

장미정원

을 거쳐 온 바람도 얼음산에 핀 한 송이 꽃도 저 코 꺾을 수 없음이다 석고상처럼 무표정한 안하무인의 어미

저 어미의

눈에는 아무도 들어가지 못한다 우뚝하게 세운 자신의 분신뿐 주위는 온통 해수면 아래에 있다 약하고 어린 아이를 둔

둥근 달빛

발 시린 그리움은

덩굴손의 파랑 여인은 아미에 붉은 궁구마* 찍고 진주빛 화장을 하고 머리를 길게 땋았다 자주색 사리를 걸친 인도 여인으로 분하여 희미한 紙燈을 들고 얼음 위를 걸어가다 길섶에 핀 흰 진달래를 사열하는데 코끼리는 어머니를 태우고 저만치 앞서 가고 있다 아랫마을 애꾸는 자신의 넥타이로 자진하고 광장에서는 사람들에게 둘러싸인 깡마른 인도 승려 챠크라 아사나 요가 삼매에 들어가시다 빙기옥골氷肌玉骨한 외로움은 동그랗지만 건너편 언덕에 신선이 살고 있어 무섭지는 않다며 독백이다

하늘에는 아이의 하얀 발자국이 동으로 나 있다 아버지는 푸른 보리밭 사잇길로 걸어가는데, 부엌에 있는 목관에는 부드럽고 커다란 발이 관 밖으로 나와 있다 세 살 난 오빠는 서성이는 바람에 두꺼운 책을 깨끗이 닦아 우물에 수장하고, 주머니에는 씨앗이 가득하다 언니들은 난을 피하러 가면서 비단 치맛감을 잿간에 꼭꼭 묻어 두었는데 성지골에 숨어 있던 기선이 애비가 다 파가 시집도 못 간다며 통곡한다 빙정옥결氷貞玉潔해 발 시린 그리움은 하! 헤퍼 자

리끼에 빠진 광시곡처럼 주절주절 기웃거린다

* 인도 최상층 브라만 계급 여인들이 아미에 찍는 붉은 점

떨잠

파르르 날으다
어느
애띤 옹주의 머리에 앉은
옹주의 향기로운 숨결에
다시
파르르 날으는

어떤
고운 마음씨의 匠人이
저리도 섬세한 손길로
아니요
옹주의 이마에 마음을 뺏겨
떨리는 마음으로
떨리는 손끝으로
떨며 떨며 빗어 바친

신비롭고 향기로운 옹주의 뜰

손 씻는 여자

셔츠 소매를 접어 팔꿈치 위로 쓱 밀어 올린 여자 비누도 씻고 수도꼭지도 씻고, 거품 퍼렇게 일궈 손톱을 뽑더니 허벅지를 거쳐 배꼽을 닦아낸다

하늘 멀리,
비수를 품은 눈길로 끈끈한 지문 저며 내고 선 가슴 도려낸다 그에게 묻은 꽃가루 지우려 뼈 발라내는, 지난날의 필름 지우려 시공을 훌쩍 건너 하루 팔만 번 씻는 등신불의 여자

두류산

늦가을
샹들리에 찬란한 두류타워
화려한 비단 금침을 감고
사락사락 밤새운 두류산
에이는 북풍에 冬安居 든다

눈보라
휘몰이로 고운 등 두드리고
옷깃을 꼭꼭 여미고 돌아누워
야윈 송장개구리처럼 웅크린다
해의 발걸음 점점 느려지고

양지쪽
마른 이끼에 눈물 흘러들자
수양버들 발가락 꿈틀꿈틀
뿌듯이 임부의 가슴처럼 부풀어
지나가는 삼신할미 손목 끌고

생살을
발라내는 산고를 치르고
빛 파랑 너머에서 출렁출렁
紅裳처녀 綠衣소년 몰려들자
낯 붉히며 외면하는 芙蓉亭

누란의 눈길

그대 깊은 눈길은 어디를 바라보시나요

300수 고운 비단으로 얼크러진 뼈대 감싸고 어이해 바람 속으로 걸어오시나요 어떤 마음 따르다 늙은 왕의 저주를 받으셨나요

고운 자태 모래에 묻고 가는 숨길 멈추다 이제야 홀연히 나타남은 사모의 승리인가요. 누천년 건너 온 누란의 처연한 혼이시여

사막의 별이 된 한 점 바람의 흔적이시여

쓸쓸한 길 걷고 싶다

흙바람이 온 몸을 휩쓸고 지나가는 풀 한 포기 없는 황야를 걸어가고 싶다 보이는 건 지평선뿐 스치는 생명 하나 없는 쓸쓸한 길을 혼자 터덜터덜 걸어가고 싶다 가다가다 뽀얀 흙먼지 덮어쓰고 발이 부르터 핏물이 낡은 구두 붉게 물들 즈음 노을 속으로 가물거리는 바그다드 카페 하나 있으면 좋겠다. 불친절한 주인의 핀잔을 들으며 구두 속 모래알 털어내고 독한 보드카 한 잔 얻어 마시고 삐걱거리는 의자에 걸레처럼 늘어진 몸을 걸치리라 잠결에 들려오는 희망 없는 넋두리 무심히 받아주고 다음날도 그 다음날도 쓸쓸한 길 걷다 유난히 고운 노을 만나면 그 노을 이불 삼아 길게 누우리라 검은 장막 헤치고 꿈인지 생시인지 별들 내려와 놀다 가면 별빛을 잡고 따라가리라

꿈이 없는 그런 쓸쓸한 길 걸어가고 싶다

지난 호출

그끄저께
호출기에 숫자가 얌전히 앉아 있었다
[353510102]
지역번호 353이 어디지?
510국에 102번이 누구더라,
35가 지역번혼가?
서울 아닌 곳에 두 자리 지역번호도 있나,
모르는 번혼데,

그저께
[5353535101023]
어머, 국제 전환가.
국외로도 호출되나-아,
외국에는 전화할 만한 사람이 없는데,
겹쳐 눌러졌나? 어제 번호랑 비슷한데,
누구네 집 번혼지 영 기억이 안 나네,
짐작도 안 되고,
누가 장난으로 눌렀나 보다

어제

{ 535

35351010231004 }

오삼오

삼오삼오일영일영이삼일영영사

숫자가 아니고 문자였나,

일영영사가 어디야? 아! 잠깐만,

오, …, …… .

?

기호 ?, 좋아하는 걸 누가 눈치 챘나 보다

해금강

퍼렇게 멍든,

만 자락 비단 떨쳐입고
흰 띠 질끈 동여매고
꾹 꾹 땅속 깊숙이 버텨
망부석이 된 너

미련한 정념,

그리도
절절히 맺혀
푸른 비수로 베어내지 못하고
금강에 절여진 그리움
千年松으로 오른다

그 여자 드디어 행복해지다

가지런하고 다소곳한 여인,

더러움 타지 않는 蓮빛 가슴을 가진 여인 실핏줄 고스란한 여인 뇌가 여려 마음도 여린, 땀구멍이 없는 여인 착하고 어릿하여 비명소리만 듣는 여인 대자대비를 짊어진 그 여인

팔공산 달빛 푸른 날,

휘몰아치는 세상 휘둘러대는 인간군상에 비틀비틀 혼을 놓더니 어느 날 고요히 자연으로 돌아가다 새파란 자아의 앞섶 날개처럼 달고, 각시탈 입술 사이로 번지는 미소 소리에 별빛 다투다

점안법회

巳時
가을빛 창창하던
琵琶山 龍淵寺 큰 마당에
한순간 회오리 일더니
천지가 어둠에 잠기고
천둥 번개 우레 소리 진동입니다
귀의삼보 하옵고

금빛 찬란하신 삼존불
진리 그득한 후불탱화에
큰 스님
붓 높이 점안하시자
징소리 명금고 풍경소리
비파 거문고 빗방울들
육종 팔만의 울림이
극락전 높이 부양이어
봉황 홰치고 청황룡 춤추니
천지간이 무지개 꽃빛입니다

점불정點佛睛

밝음 속에 법신은 항상 하니
적멸보궁 앞뜰 쑥부쟁이 벌 나비
자등명법등명이라
생로병사에 얽매이지 않는
저 높은 보리의 세계
빛으로 오신
자비로운 향기에
불제자 손 모아 합장입니다

마그리트

그대
고아한 자태로
비단향을 발하지 않음은
누추한 처마를 찾아들
단 한
생명을 기다림인가 보다

3부

유월의 편지

화가의 연인은

흰 장미다

다소곳이 앉혔다 요염하게 뉘었다, 빛을 불러 들여 어르고 달랜다 화가의 빵도 흰 장미다 커다란 접시 부시어 식탁 위에 차려 놓고 포크질 나이프질이다

흰 장미는 인정하는가?
자신의 연인이 Luis De La Fuente*임을,

창 밖에서는 유월이 무릎 꿇고 흐느낀다 흰 피 철철 흘리고 있는 장미의 부활을 위해

* 장미 그림의 대가인 프랑스 화가

참꽃과 목련화

어눌한
웃음을 흘렸을 뿐인데
쇄골이 살짝 드러났을 뿐인데
이 산 저 산 펑 펑 펑 펑
피울음 쏟아내고

등불 켠 목련화
고운 임 마중하여
속치마 바람으로 한 사흘 잔치더니
미련 없는 自盡으로 말갛게 씻어내려
홍살문 세워지고

오호 애재요 오호 통재라
누구를 위하여 종은 울리나*

* 헤밍웨이의 소설 「누구를 위하여 종은 울리나」에서 인용

사시나무

그랬지, 눈치 보게 한다고
그래서 별처럼 떨고 있었니?
그래서 멀리서 지켜 보았니?
지나는 길에 중얼거리는 걸 보았어

사실 넌
괜찮은 이름을 가지고 있지
누구나 한 번 불러보고 싶은

알팍한 종들과 다르게
홀로 품위를 지키잖아
지난날 스쳐 지날 때
까칠하게 성질 부린 일 후회해

요즘 들어 새삼 심심해
좀 안정되었는지,
밭두렁에 우뚝하니 옛 모습 그대로인지,
한 자락 바람 일으켜 그 길 지나갈지도 몰라

어머니

어머니
맑고 부드러운 초성의
숙영낭자전 우미인가 듣고 싶어요
최치원전 류충렬전 꽃가사두요
잠시 머물다 가신 세상
흰 베개를 검게 물들이신
예순 여섯의 한 많은 生
'느그 아부지, 내 늙어서 몰라 보마 우짜노.'

긴 별리
사상과 이념은 스물아홉의
청청하신 아버지를 앗아가 버리고
침묵한 채 서른아홉 해 동안
어머니 가슴을 저리게 했지요

아 !
어머니,
청상의 정결하던 얼굴 곱게 분화장하고

하늘빛 고운 옷 입고
쪽진 머리로 가신 어머니

아니요,
언제나 우리 곁에
고운 마음씨 말씨 솜씨를
단아한 맵씨로
조곤조곤 씨줄을 엮고 계십니다
생기 가득한 눈으로 밝은 삶을 살라
향기로 지키십니다

엄마, 당신의 딸임에 고마움을 느끼며
계유년 정월 열 나흗날 어머니 기일에

대금산조

고요한 열 나흔날
지공을 넘나들며
끊어질 듯 이어지는 선율의 공양

느린 진양의 눈짓이
뒤꿈치 살포시 들고
우아한 두루미의 몸짓으로
한순간
붉은 부리 평상을 휘돌더니
자진모리 휘몰이로
화려하고 장쾌한 용오름이다

달빛 속의 法席인가
진리의 향연 누천 년 흘러들어
솜털처럼 부드러운 소리 자락들
극광으로 펼쳐가는 죽림법회에
떨리는 듯
진동하는 갈대청의 게송

빗소리 내게로 오다

저 위에서는 모른 척 지나쳐 버리더니 어느날 뚝, 날개 꺾여 땅으로 팽개쳐진 내게 쭈빗 쭈빗 걸어오던 너

옛 애기며 미처 못 한 진실 전해 주려, 뽀얀 맨발로 눈 맞추고 어깨 톡 치며 나신으로 찰박찰박 다가서던 너

오랜 연인처럼 옆 자리에 슬며시 누워, 올려 보는 시야가 밝고 맑다 시퍼런 분노 다듬다듬 토닥이던 너

새색시처럼, 때로는 초원을 달리는 말발굽소리로 눈빛 번득여 굵은 빗줄로 내려치며 무섭게 질책하던 너

빗소리 따뜻하다

화두

봄볕 쨍~

붉은
진리는 일주문에 걸어두고

사천왕 머리에 앉은
목소리 잃은 부처님
눈 감은
동자승

시간과 공간을 뚫고
할~~~~~~~~~~~~~~~

정수리를 울리는 꽃 피는 소리

삭발을 하고 싶었지만

선 머슴애처럼 잘랐습니다 장원 바닥이 흥건히 젖도록 파도소리 출렁이던 머릿결 미나리 베듯 썩둑 잘라 버렸습니다

한 때는, 흰 손으로 가늘고 긴 머릿결 빗겨주는 꿈을 꾸었습니다 이제, 그 꿈 서랍 안에 고이 접어 두었지요 어둠을 사르는 박꽃 같은 그리움 더는 갈무리할 수 없었습니다

비 온 후 따사로운 봄볕에 솟아나는 죽순처럼 씩씩하게 꿋꿋하게 잘도 자라 다독일 수도 달랠 수도 없었습니다

앞으로 다가오는 날들은 거부하겠지요 이 짧은 머리로는 차마 기다리진 않을 겁니다 잊혀 주렵니다 흰 손은

하얀 노을 서창에 어릴 때

비슬산에서 미끄러진 바람
뒤뜰 댓잎에 앉아 간들거리는
눈꽃 휘몰아 덧문을 후려치자
문고리 덜컹 뒤척이고
골기와 마른 이끼에 웅크린 싸락눈
놀라 마당으로 차르르르 구른다

마루 밑 짚방구리에 잠들었던 삽살개
킁킁 컹컹 골목으로 뛰어 나가고
구들목 차렵이불에서 빠져나온 아이
윗목에 밀려 있는 화로를 당겨
깜박이는 불길에 손을 쬔다

마을가셨던 할머니
부엌간 어머니에게 두런두런 저녁찬 걱정
아래채에서 여물 준비하는 꼴머슴에게
'열아, 쇠죽에 콩 한 바가지 넣어 쑤어라.'
새끼 낳은 어미 소 챙기시고
뒷간 쪽으로 멀어지는 기침소리

여섯 살짜리, 돌 밑을 뻗어가는
쑥 순 같은 손가락 말간 손바닥은
화롯불에 점점 달구어지고

우물에서 손 씻은 할머니
뜨락을 올라 댓돌을 딛고
대청에서 방으로 들어서는 순간
어린 손녀딸 치마 팔랑 바람 인다

할머니의 누비저고리 앞섶을 당겨
따뜻이 데워진 빨강 손으로
하얀 얼굴을 꼬-옥 감싸며

"할매, 뜨시제."
"아이구, 우리 이쁜 강아지."

톡 톡 톡 궁둥이를 두드리시던
따끈하고 폭신한 옛 얘기

폭풍우에 기대어

폭풍우는
저 혼자
젖은 가슴 부둥켜
울부짖을 뿐

폭풍우에 기대어
백팔 번뇌 억 겁의 날
하얗게 부시고
가없는 그리움
바다에 비우면

한낱
벌거벗은 미물이어
빈 떨림뿐

한가롭다

진눈깨비

순하고 여린 마음은 결 고운 어여쁨 들내지 않아 숨어 비틀거리다 나르시시즘에 갇힌 고고한 기품 自由에로의 함정에 쌓여 허우적이더니,

깊은 소용돌이 떨치고 나온, 너 안에 들어찬 젖은 눈빛은 창백한 울음 아닌, 화려하게 커다란 웃음소리 흩뿌리고 떠나가더라

붙잡는 사모는 강기슭에 꽁꽁 묻어두고, 깊어진 자유 벗하여 평화로운 밤바다로 장렬히 投身하더라 겨울비 사무치게 통곡하다 부르튼 바람에 휘~ 휘~ 돌아 하늘 높이 용틀임 칠 때

그 때에 너는

아셔요?

까닭도 모르고
배척당하는 심사
넘치는 마이너스 때문일까
부족한 플러스가 문제인가

고스란히
사심을 감당해야 하는
유추해 보건대,

생각한다는 이유로
자존하는 마음 잃어버리고
난분분하는 눈들

그래요
담백한 옷깃에 스몄나 봅니다
해명할 수 없는

어떤 미소

사향제비나비

관심 없어, 네게 신경 쓸 만큼 한가하지도 않아, 네가 앞으로 날으든 S자로 날으든 알 바 아니거든, 또한 너에게 깨우침을 줘야 할 말벌이거나 네 잘못을 책임져야 할 매미도 아니잖아 넌 애벌레 때부터 징그러워 멀리했었어

허물 벗어 우화했다 우기지만 유전자는 그대로잖아, 쇠똥에 앉았다 싸리꽃에 앉았다 바르르 금잔화를 찾아나서는, 네가 먹다 버린 더듬이자국도 비위에 거슬려 돌아볼 여유가 없단다 하여, 싸리사향제비나비놀이에 난은 초대하지 않았으면 해

유월의 편지

푸른 가창골
비단 손수건 펼쳐놓고
하얀 찔레 향 따 모아
내 아기 곱게 잠든 머리맡
살포시 열어
숨결 가득 향기 머금고
호랑나비로 날으고

뜨거운 하늘
짧은 그림자 남기고
山 친구 묶여 가는 길
내 아버지 터벅터벅
同行 후
돌아오지 않고
山 친구 돌아오고

가창 골짜기
붉은 피로 물들인

아버지 입고 가신 흰 옷
벌떼 윙-윙
하얀 찔레 향기
붉은 찔레 꽃잎의 피비린내
잊혀 버리고

추신
금정산*의 누명 쓴
하-얀 영혼들
반백년에야 나들이시네
가창 골짜기의 금정굴*에는
백년이 흐르고야
무지개로 떠오르실까?

* 어린이와 양민을 가리지 않고 총살 암매장한, 부산 금정산에 있는 폐광

벼꽃 피었다

하늘 가득 흰 꽃 피었다
별빛 먹고 이슬 먹고
삼복더위 다 먹더니
바람결에 포르르 포르르
이쁜 꽃 고운 향 달콤하다

할미젖 물고 보채던 눈망울도
찔레순 뽀드드 먹던 아이들도
서러운 전설로 구전될 뿐
천수답에도 만 석 들녘에도
쌀꽃 하르르르 노래 부른다

4부

極樂寺 逍遙

놋그릇을 닦으며

할머니 손등의 굵은 심줄 같은, 청상의 가슴 뻥 뚫은 멍 같은, 녹 시퍼렇게 돋아 있습니다 반백년의 세월을 외면당했던 옛 女人네의 손때 따끈하던 놋그릇들 어린 신랑에게 시집오신 열여섯 고운 손등으로, 스물일곱 붉은 가슴으로 곱게 꼭꼭, 흰머리 듬성한 손녀딸 손에 황금빛 활활 승화하고 있습니다 명경 같은, 아흔 여섯 할머니 가슴에 묻은 열두 아이 눈이 반짝이고, 서른아홉 해 어머니의 정화수에도 미소 머금은 아버지 슬며시 얼굴 내미시는군요 멍울멍울 얼룩진 자국, 칡덩굴처럼 서리서리 뻗은 한 하얗게 걷어내니 청렴한 선비처럼 몽울몽울 자미화 피웠네요 산호잠 참하고 고아한 모습으로

장독대

역사 고스란한
빗살무늬 저 우주

신새벽
하늘에 걸터앉은

할머니의 가슴에서
점점 부풀어지는 저 독들

무지개 실타래 풀어
높은음자리 별 낚는다

白蓮茶

빛 고운 巳時 섬섬옥수 여린 눈길에
미열에 떨던 봉오리 수줍어 열리더니
연록 씨방 살포시 품은 하노란 꽃술
신비의 미향으로 깊은 숨결 따라 들어
한 모금 백련차 毒이라 아니 넘기랴

빛으로 가는 티켓

떠나야 한다 실핏줄의 온기도 끊기고
어둠은 켜켜이 덧쌓여 체증을 일으킨다
헐렁한 바지 걷어 올리고 질펵한 길을 더듬어
구름이 낮게 휘장 쳐진 역으로 갔다
거미줄 늘어진 창 아래 행려 노파가 웅크려 있고
벤치 끝에 걸터앉은 코트 깃을 세우고 모자를 쓴,
그림자는 북서풍을 일으켜 시선을 돌리게 만든다
한 쪽에 됴자방 매표구가 보인다

"빛으로 가는 티켓 있나요?"
"초록빛을 가득 담을 수 있는 창가로 주세요."

초침은 점점 큰 소리로 時間을 부르는데
혼자 서성이며 열차를 기다린다
발밑은 더럽고 험하여 신경이 어지럽다
일정은 넉넉히 잡아 놓았는데
일행들은 時刻을 잃어 버렸나 보다
앞을 막는 잉카의 석벽을 훌쩍 날아

어느새 빛으로 가는 열차는 옆에 와 멎었는데
트랩을 한 발 한 발 조심스레 오르니
산뜻한 머플러를 휘날리는 어여쁜 처녀
단정한 유니폼의 아름다운 청년이 손 내민다

열차 비행기는 활주로를 서서히 이륙하여
새벽하늘 상공을 선회하다 수직으로 상승이다

"아 눈부셔, 빛 비늘이 퍼덕거리네."

내원사 素描

모든 법을 통하여 모든 중생 건지리라
선나원 비구니의 독경소리 낭랑하고
처마 끝에 떨어지는 가을비 붉디붉다
져며져며 얇은 어깨 눈 서리로 굳어져
천둥소리 잠재우는 금강보리 만나리라

누-천년 고이고이 팔만 송에 맺힌 사모
초발환희 우바이의 오체투지 가- 없고
이내에 어린 자태 고요에 초초하다
고운 눈빛을랑 부처님 전 합장하고
사바를 벗겨 앉아 니르바나 들어가리라

極樂寺 逍遙

달빛난간에서 성의를 베이고
허둥대다가,
極樂寺 가는 길 만나다
봄빛 따라 山門에 들어가니
은은한 향연은 인과를 녹여내고
관음보살 미소에 아상이 지워 진다

선지식은,
이슬에 발 담그고 선정에 들어가고
인적 끊긴 절 마당엔 솔향이 교교하다
乾靈山 품에 안겨 무여열반 예이런가
유정한 봄바람이 풍경을 깨우는데,
如如한 그 마음이 깨달음의 空이로다

가테 가테 파라가테 파라상가테 보디 스바하*

* 가는 이여, 가는 이여, 피안으로 가는 이여, 피안으로 온전히 가는 이여, 깨달아지이다.

봄비

봄비는 쌓는다
흙을 쌓고 뿌리를
그리고 가지를 쌓는다

봄비는 흐르지 않고
다만,
쌓고 있다
푸짐하게 흐드러지게
높이 높이 쌓고 있다

봄비는
온몸 공양으로 바친다

이아손*

어찌 불을 뿜는가?
그대의 운명은 여신의 마음에 있음을
힘보다는 지혜가 위임을 아직도 못 깨닫는가
닫히는 절벽 사이를 누구 도움으로 지났으며
거대한 용을 어찌 물리칠 수 있었는지를

여신 헤라를 모른다 할 것인가
에로스의 화살을 메디아가 왜 맞았으며
그 화살을 누가 쏘도록 만들었는지
황금양털은 그냥 상징일 뿐이야

이아손
그대의 용기를 시험했을 뿐
용감한 자가 위대한 문명을 일구는 법이라네
그대를 사랑하는 여신들이 그댈 보호하고 있음을
헤라 없는 용기는 잔물결을 일으킬 뿐이라네

* 그리스인들의 자존심이라 할 수 있는 그리스 신화에 나오는 영웅

업

어허,
이름이 너무 착하니
묻지 마라

瑜伽寺 빛나는 부처님 뒤에서
보따리를 내 주시는 지인 스님
풀잎에 앉은 이슬의 웃음소리
꽃잎의 입술
가사와 잠삼으로 가리라 하십니다

푸른 강에 목욕하고
잿빛 옷으로 갈아입습니다
하얀 모래톱에 앉아
비단 속적삼 말갛게 헹구며
속세의 욕심이 요것밖에 안 되네

어느새
눈길은

얼어붙은 듯,
바람 한 점 없는 수평선에 얹어 놓았습니다

月竹

죽장도로 빚은 듯 곧은 그 기개

머-언 들판 지나온 맑은 바람에

녹색 향 때때로 달빛에 날리어

예-스런 氣 마당을 가득 채우네

눈물이

무소르그스키의 눈물은
맨발인 채
피아노 건반 위를 동동거리네요

65리터 1,850,000방울은
한 사람이 평생 흘리는 눈물이랍니다
울 때마다 28 방울이 나온다네요

99% 물과
80여 가지 물질이 섞여 있으며
한 방울은 0.0235 그람으로
소금기 농도는
영국의 템즈 강물과 같다네요

화났을 때, 고통스러울 때
슬픔의 비련의 눈물
사람을 사람으로
사람이게 만드는 눈물이 눈물이……

담

앞 동네는 새벽부터 수런거린다
담을 열었더니
벽오동에서는 예복 입은 까치들
깍 까악 깍 까악
새벽부터 봉황 맞이하나 보다
느티나무에는 매미가 전세 든 듯
이 집 식구들은 밤도 낮도 가리지 않고
매앰--맴 맴-- 매앰 사랑의 노래다
은행잎은 팔랑팔랑 노랑나비로 변신 중이고
벚나무에는
소리 없는 그림자 언뜻 흔들릴 뿐
이 시간,
어느 집에선 끙끙 앓는 소리 잦아든다
더러는
앞 동네의 수런거림에 아미를 좁혔는데
도리어 밤늦게까지 훤하게 해
깊은 잠 못 들게 그들의 꿈자리 어지럽혔나 보다

커다란 오동나무 어깨 움츠린다
그만 문을 닫자
귀뚜라미 소리는 담 안에 들여놓고

엔젤폼

베네수엘라 고원에
직각의 석벽이 버티고 있다
안개처럼 피어오르는
엔젤폴* 자락을 걷고
한 발 옮기니,

로라이마산 정상에는
커다란 원석바위 즐비하다
에머럴드에 올랐다가
사파이어로
오팔을 건너 루비바위로
화관을 쓰고 정재를 추며
보석바위들을 건너니,

눈앞에 잔잔한 바다
너울 너울에 내린 햇빛
나유타의 다이아몬드 쏟아낸다
자연이, 빛이 곧 신이다 어릴 적,

뚫린 창호지로 비쳐든 햇살이
속눈썹 드나들며 색의 마술로 눈 홀리었었다
깨고 싶지 않은 꿈은 철들지 않고
나이도 먹지 않는다

아름다움만 바라보며 살아갈 수는 없는 것인가!

* 베네수엘라 고원에 위치. 979m 높이에서 떨어지는 폭포

강으로 온 비는 별이 된다

비가 내린다
강에 내린다
녹두국숫발처럼 말간 얼굴로 내린다

비가 내린다
풀잎에 내린다
강둑길 서성이는 말간 눈에 내린다

비가 내린다
봄비 내린다
강바람은 비를, 봄비를 맞아 출렁인다
비는 강으로 와 별로 태어난다
비 빛 부시다

토지에 들어가다

어둠을 밀치며 최 참판 댁을 찾아 나서다
푸른 날 가슴에 고이 품고 먼 길 돌아 대문을 들어가다 묘지기와 엇갈리다 최 치수 최 치수 돌아보니 가시덩굴 엉겨 어지럽다

번뜩이는 눈빛의 조카 내외, 죄 있음에 말이 많은가 보다 통한을 삭일 수 없는 서희, 긴 숨 몰아쉬며 용서해야 하나요? 할머니의 허리띠에 꺼멓게 그을린 자국들이,

섬진강 물결소리 가슴으로 스미면, 바람 한 대접 마시고 겅중겅중 허공을 딛고 달빛 속 헤매다 새벽이슬 발목 적실 때, 긴 숨 내려놓고 여명 속으로 드는 저 푸른 넋

가을

언제부턴가 주위를 감도는 아니, 나를 따라 다니며 내 코를 들락거리는 이상하고 상큼한 기운, 아직 맡아보지 못한 바람 향인지 과일 향인지, 천상에서 쏟아지는 물 향기처럼, 눈물이 나올 것처럼 쏴~~~~~~~~~~아

아! 가을이 부르는 소리

하늘 높이 날으던 花葉 빛 소리로 흐르면 나이를 빠뜨렸습니다. 첩첩 계곡에 편재되어 버렸어요. 머언 시간을 잃어버리고, 남은 건 동화였습니다. 팔랑팔랑 날아올랐습니다. 초롱초롱 맑은 눈빛을 가진, 철들지 않은 홍안으로 말입니다. 화안한 사랑이었습니다. 무엇이든요 가을날의 푸른 바람 우루루 우루루 쏟아집니다. 깊은 산속의 절집을 찾아든 공양주, 그 공양주의 아궁이에서 부처님의 입술이 흐드러지게 쏟아집니다

해설

결벽과 망설임에서 모성에 이르는 과정

— 손진은

□ 해설 □

결벽과 망설임에서 모성에 이르는 과정

손 진 은 (시인, 경주대 교수)

시라는 것이 원시종합예술에서 분화되던 만고 이전의 시대부터, 서정시에서 사랑과 이별, 기쁨과 슬픔이라는 감정보다 더 절실한 주제가 있었을까. 우리의 핏줄 속에서는 자고이래로 사랑과 이별로 인한 애틋하고도 한스러운 감정을 다룬 시들이 흐르고 있다고 해도 과언이 아니다. 심지어 모더니즘을 주창하는 시들에서조차도 이런 감정은 세련되고 낯선 어투로 다루어져 왔던 것을 생각하면, 사랑을 비롯한 인간의 원초적 감정은 시에서 가장 많이 다루어져 왔고 앞으로도 또한 가장 많이 노래불려질 주제가 될 것이다.

강려후 역시 이런 전통적인 의미의 서정시의 범주에 들면서도 그만의 시법을 독자적이고 개성적으로 보여주는 시편들을 통해 우리의 감정에 호소하고 있다. 그렇다면 그의 시를 여타의 시들과 구별되게 하는 독자적인 미학은 무엇인가. 아마 결벽증으로 빛나는 여린 감성의 미묘한 떨림이라고 말할 수 있을 듯하다. 그의 시는 인간의 내면에서 생기고 번지고 소멸되어 가는 그 감성들의 미묘한 무늬들을 자연이나 사물에 빗대어 노래하는 감정이입, 즉 투사의 양상을 보여준다. 그의 이런 시편들을 따라 읽어가다 우리는 더러는 함께 연민을 느끼고 아프고 슬퍼하고 분노를 느끼게 된다. 때로는 그 감정들의 무늬는 여러 겹으로 쌓여서 우리 마음의 결을 짚으며 훑어내린다. 그것을 바라보는 우리의 마음조차도 그 무늬 속으로 휩쓸려 들어가 고통에 휩싸이게 된다. 그의 시편들의 이러한 특징을 잘 드러내는 한 편의 시를 본다.

> 매화 피었다
> 매화 보아라
> 제자는 매화를 보고
> 스승은
> 드리운 문살을 세고
>
> 산 속에 눈 속에
> 문살 속에
> 매화 피었다
>
> 벙어리 매화 피었다
> 가지도 없는 둥치에
> 백매화 환히 피었다

향은 고요해 소리 없고
문풍지
절로 푸르르 떤다.
—「매화 피었다」 전문

이 시는 매화가 피었으니 매화를 보아라는 스승의 전갈(혹은 전화)로 시작된다. 그 매화는 잎과 꽃이 무성하고 힘차게 뻗은 것이 아니라 가지도 없는 메마른 등치에 핀 것이어서 더 소중하고 귀할 수밖에 없다. 그렇게 핀 매화는 문인화에 나옴직한 매화이다. 그러니 푸르르 떠는 고가의 문살을 바라보는 스승의 눈길은 물상의 신묘한 기운에 머물러 있다. 투박한 것 같으면서도 이상한 힘으로 충만되어 있는, 눈 속에 핀 매화는 '梅一生寒不賣香'(일생을 얼어 지내도 향기를 팔지 않는다)이라는 말을 연상하게 한다. 그러나 이 어렵게 핀 매화는 경물로서의 매화이기도 하지만, 또한 그것을 바라보는 자들의 마음이 투사된 매화이기도 하다. 산 속에, 눈 속에, 문살 속에 스며들 정도로 은근하고 깊은 그 기품은 은근히 말하지 않아도 알아차리는 不立文字의 경지("벙어리 매화")까지도 암시한다. 매화 피었다고 말해 놓은 스승은 정작 눈길을 그 매화 쪽에 두지 않고("드리운 문살을 세고") 있고 제자만 본다. 여기서 제자와 스승은 서로 성을 달리하는 존재로 읽힌다. 왜 스승과 제자가 같은 사물을 같은 곳을 향해 바라보지 않는가. 매화가 피었다고 먼 곳에 있는 제자를 불러놓고는 정작 눈길을 맞추지 않다니. 이는 서로 좋은 눈으로 바라보기는 하고 있지만 그 감정을 드러내놓고 말하지 않고 속으로만 표현하는 상태라고 할 수 있다. 스승과 제자는 서로에게 귀한 존재이면서, 보고 싶어 하면서도 정작 불러 놓고는 정면으로 바라보지는 않고 어긋나게 바라본다. 이 결벽의 시간은 고요한 듯 보이나 뒤척이는 마음이, 말하고 싶은 마음을 꾹꾹 누르는 어떤 기운이 감지되는 동적인 세계를 보인다. 이 때 결벽은 자존감의 다른 표현이다. 흐르고 물드는 시간. 스승과 제자가 들이마신 매화의 향기는 꽃의 영혼일까, 몸일까. 아니면 서로에게 스며든 몸의 향기일까. 이 때 그들의 마음은 매화의 소리 없는 고요한 '향'으로, 절로 푸르르 떠는 '문풍지'로 심상화된다. 시인은 인간사의 애정이나 인격의 경지를 매화 향이라는 미적 풍경으로 현현시키고 있는 것이다. 위의 시가 사랑을 소유할 수 있음에도 내면의 결벽증 때문에 망설이고 있는 시라면 다음의 시는 대상에 대한 소극성이 더 구체적으로 드러나고 있는 시편이라 할 수 있다.

내 사랑은 나보다 잎들이 먼저 아네, 잎들이 먼저, 떨며 더듬거리기 전 위로하네. 네 키가 네 오지랖이 이미 잎들을 유혹했나 보네.

잎들이 뿜어낸 이내에 싸여 볼 수도 만질 수도 없는 너, 헤어질 수는 더구나 없네. 빛 스러지고 그늘 드리워져 모양 또한 모르네.

가슴에 알 슬어놓고 장미를 뱉어내는 잎들, 생과 삶을 삼키고 긴 트림하네. 그대 생각하기 전 그대 잃고 나, 진흙 속으로 발 뻗네.

— 「사랑하기 전 사랑 잃다」 전문

자신이 호감을 품고 다가가고 싶은 좋은 사람 주변에는 이미 다른 이들이 먼저 진치고 앉아서 나를 경계하며 나의 접근을 허락하지 않는다. '나'는 "떨며 더듬거리기도 전"인데, 타자들은 대상을 먼저 선점했다고 나를 위로한다. 내가 좋아함직한 대상의 알맞은 키와 따듯한 오지랖이 이미, 잎들로 표현한 그들을 불러들인 것이라 '나'는 서둘러 진단해버린다. 2연에서 마침내 대상은 "잎들이 뿜어낸 이내에 싸여" 나는 대상에 대한 시선마저 흐릿하게 상실하게 되고, 대상의 "가슴에 알마저 슬어놓고 장미를 뱉어내"며 "긴 트림하는" 그들의 거들먹거림에 화자는 진흙의 수렁 속에서 버둥거릴 수밖에 없는 것이다. '그'에게 다가가고 싶지만, 이 열망과 두근거림 속에는 이미 시선의 감옥이 존재한다. 그에게 가는 길에는 광장과 골방이 공존하며 사랑과 투쟁이 아울러 존재한다. 이 상황에서 시적 화자는 그 사랑을 적극적으로 쟁취하기보다는 스스로 먼저 체념에 빠져버리는 양상을 보인다. 말하자면 외적인 식민지보다는 내적인 식민지를 더 공고히 하고 있는 게 낯가림이 심한 시적 자아의 모습이라는 것을 우리는 안다.

이런 결벽의 양상은 반대로 시적 화자 자신이 불화하고

있는 대상에 대한 과도한 거부반응을 드러냄으로써 시적 자아는 세계 속에서 철저히 홀로 있음의 자유를 누리기도 한다.

셔츠 소매를 접어 팔꿈치 위로 쓱 밀어 올린 여자. 비누도 씻고 수도꼭지도 씻고, 거품 퍼렇게 일궈 손톱을 뺍더니 허벅지를 거쳐 배꼽을 닦아낸다.
하늘 멀리,
비수를 품은 눈길로 끈끈한 지문 저며 내고 선 가슴 도려낸다. 그에게 묻은 꽃가루 지우려 뼈 발라내는, 지난날의 필름 지우려 시공을 훌쩍 건너 하루 팔만 번 씻는 등신불의 여자
—「손 씻는 여자」 전문

뒷산 소나무 그리메에서 노랫소리 들린다. 물망초 꿈꾸는, 에서 우산을 받쳐준 사람으로 가더니 연분홍치마가 봄바람에 휘날리더라

세필처럼 가냘프고 고운 음색에서 점 점 크리스탈처럼 청량하고 화려하게,

순응하면서 살아온 여인의 恨이, 부끄러움이 가신 이제사 자기애로 돌아서서 비상하려는 몸짓이다. 아니다. 번식이 끝난, 일찌감치 번식을 끝낸 여인의 허무한 옛 추억이 솔잎을 타고 주르륵 미끄러진 슬픔이다. 다시 귀를 기울여 본다. 원하던 유전자를 가슴에 안은 아낙네의 자궁에서 나온 환희다. 아니다. 천적으로부터 벗어난 휘파람새의 웃음소리다
—「휘파람새의 웃음소리」 전문

첫 번째 시에서 두드러지는 것은 불화하는 대상과의 접

촉으로 인한 자신의 몸에 대한 공격성이다. 씻는다는 것은 시적 화자에게 '그'가 자신의 '몸'에 남긴 자욱을 털어내고 지워내는 일상적인 행위를 훌쩍 넘어선다. 이는 여기서 사용되는 어휘들을 통해서도 드러나는데, 시적 화자는 씻는다. 닦아낸다, 지운다 라는 동사 외에도 뽑는다. 도려낸다, 저며낸다, 발라낸다 라는 공격적인 동사들을 거침없이 사용하고 있다. 시적 화자는 그의 흔적을 스멀거리는 벌레보다도 증오한다. 어떻게 지문을 저며내고, 가슴을 도려낼 수 있을까. 이는 강려후 시의 개성이라고 볼 수 있는데, 이러한 강렬성은 단순히 과장이라고만은 할 수 없는 염결성에 대한 의지를 드러낸다. 이는 결벽증을 넘어서는 자기애의 방식이라고 할 수 있다. 이 지우기 방식의 철저성은 크게 두 가지로 진행이 되는데, 그 하나가 신체적인 것이라면 다른 하나는 지속된 기억("지난날의 필름")이다. 이 두 가지 방식을 구현하기 위해 시적 화자는 "하루에 팔만 번 씻는 등신불의 여자"가 되는 것이다.

둘째 시에서 '그'는 천적으로 '나'는 휘파람새로 의미가 확장된다. 말하자면 천적으로부터 벗어난 휘파람새가 되어 나는 웃으며 노래 부르고 있는 것이다. 시적 화자는 소나무 그림자 아래서 들리는 간드러진 가곡과 유행가가 어우러진 노랫소리를 마치 타자의 것인 양 객관화시켜 듣는다. 그것은 두 번째 의미단락에서 "순응하면서 살아온 여인의 한"

이 "자기애로 돌아서 비상하려는 몸짓"이라는 진술로 그 의미를 획득한다. 나아가 이 시에서 시인은 시적 화자를 휘파람새로 완벽하게 투사시켜 육화시킴으로써 시적 성공을 이룩한다. '여인'/'휘파람새'의 변용은 '출산과 양육'/'번식', '원하던 유전자'/ '자식', '그'/'천적'의 비유쌍을 거느리게 되면서, "허무한 옛 추억이 솔잎을 타고 주르륵 미끄러진 슬픔"이라는 한 편의 짜임새 있는 시로 거듭나는 것이다. 고통과 슬픔이 '나'를 일어서게 한다. 마침내 새의 웃음소리로 흩어지면서 우리는 순응하던 여인이 어떻게 자기 삶을 획득하여 가는지 알게 된다. 그런 점에서 이 시는 한편의 넉넉한 우화시로도 읽을 수 있는 것이다.

시인이 시적 화자를 한 마리의 휘파람새로 변용시킬 수 있었다는 것은 자신의 슬픔을 객관화시킬 수 있었다는 것을 의미한다. 왜냐하면 그러한 객관적 거리가 전제되지 않고는 이런 냉정함을 유지하기가 어려운 까닭이다. 이러한 거리 위에서 강려후의 시는 꿈으로 혹은 과거의 행복했던 시절로 섬세한 촉수를 뻗으면서 심리적인 안정과 관조를 획득한다.

> 하늘에는 아이의 하얀 발자국이 동으로 나 있다. 아버지는 푸른 보리밭 사이 길로 걸어가는데, 부엌에 있는 목관에는 부드럽고 커다란 발이 관 밖으로 나와 있다. 세 살 난 오빠는 서성이는 바람에 두꺼운 책을 깨끗이 닦아 우물에 수장하고, 주머니에는 씨앗이 가득

하다. 언니들은 난을 피하러 가면서 비단 치맛감을 잿간에 꼭꼭 묻어 두었는데, 성지골에 숨어 있던 기선에 애비가 다 파가 시집도 못 간다며 통곡한다. 빙정옥결氷貞玉潔해 발 시린 그리움은 하! 헤퍼 자리끼에 빠진 광시곡처럼 주절주절 기웃거린다.

— 「발 시린 그리움은」 부분

할머니 손등의 굵은 심줄 같은, 청상의 가슴 뻥 뚫은 멍 같은, 녹 시퍼렇게 돋아 있습니다. 반백년의 세월을 외면당했던 옛 女人네의 손 때 따끈하던 놋그릇들. 어린 신랑에게 시집오신 열여섯 고운 손등으로 스물일곱 붉은 가슴으로 곱게 꼭꼭 흰머리 듬성한 손녀딸 손에 황금빛 활활 승화하고 있습니다. 명경 같은, 아흔 여섯 할머니 가슴에 묻은 열두 아이 눈이 반짝이고 서른아홉 해 어머니의 정화수에도 미소 머금은 아버지 슬며시 얼굴 내미시는군요. 멍울멍울 얼룩진 자국 칡덩굴처럼 서리서리 뻗은 한 하얗게 걷어내니 청렴한 선비처럼 몽울몽울 자미화 피웠네요. 산호잠 참하고 고아한 모습으로.

— 「놋그릇을 닦으며」 전문

첫 번째 시는 꿈에 나타난 장면을 그대로 그리고 있는 시편이다. 예부터 꿈이 개인의 세계관과 영혼의 형성에 어떤 영향을 미쳤는가는 매우 흥미로운 주제들이다. 실제로 거의 대부분의 꿈은 아침에 깨어나면 눈 녹듯이 사라진다. 또 기억한다고 하더라도 지난 밤 꿈꾸었던 내용에 비해 기억에 남아 있는 것은 너무 적고 단편적이다. 그러니 개인에 따라서는 꿈이 유난히 생생하게 오랫동안 기억에 남아 있는 일도 있다. 대체로 강렬한 형상들이 세세히 기억에 남는다. 강려후의 시에서 꿈을 다룬 시편은 이 시 외에도 「빛으로 가는 티켓」도 있고, 의미화되기 전의 감각과의 만남을 노래하면서 솟아오르는 그윽한 기쁨과 황홀의 순간을 향들의 춤으로 묘사한 「블루 블랑」을 비롯한 여러 시편들이 있다. 이들 시와 마찬가지로 이 시편 역시 강렬한 순간과 단편들의 결합이라 할 수 있다. 무엇보다 이 시는 단편적이기는 하지만 많은 부분 과거의 기억들이 꿈으로 재현되어 있다는 점에서 그의 시의 지향을 밝혀주는 시편으로 읽힌다. 다시 말하면 시간이 흘러도 여전히 내면의 의식 속에 자리잡고 있는 옛 시절에 대한 기억이 환상적인 풍경으로 담겨 있다. 하늘에 찍힌 하얀 발자국, 푸른 보리밭 사이로 걸어가시는 아버지, 목관에 불쑥 나온 발, 두꺼운 책을 우물에 밀어넣는 세 살 난 오빠, 비단 치맛감을 잿간에 숨기는 언니, 이 모든 것들은 시간의 순차성도 논리성도 없으나 한결같이 아름답고 정갈한 기억의 마디로 나의 의식 속에 잔재한다. 氷貞玉潔 얼음처럼 곧고 옥처럼 깨끗한 상태, 시인은 이를 두고 발시린 그리움의 세계로 명명한다. 그만큼 옛날에 대한 그리움은 지금도 발을 적시고 싶을 정도이다.

두 번째 시는 해원解冤의 야상을 띤다. 손녀딸은 놋그릇을 닦으며 할머니와 어머니의 그 한과 신산스런 세월을 하나씩 벗겨내어 치유한다. 열두 아이를 건사하시고 아흔 여섯에 훌훌 이생을 벗어버리신 할머니의 삶도, 서른아홉 해

동안 정화수를 떠놓고 지아비를 그린 어머니의 삶도 녹인다. 놋그릇은 할머니와 어머니의, 아니 이 땅의 여인들의 삶이 오롯이 밴 기물이다. 기물들이 삶을 거느리고 있는 예는 프랑시스 잠의 「식당」이라는 시와 백석의 시들이 대표적이지만, 잠 시에 나오는 뻐꾹시계와 장롱 같은 기물들은 옛 식구들의 이야기를 엿들은 사람과 같은 존재라면, 강려후 시의 놋그릇은 여성적인 삶들이 오롯이 배어 있는 여성들의 몸이자 삶의 공간으로 기능한다는 점에서 변별된다. 해원이라는 말을 앞에서 한 것도 그런 맥락인데, 화자인 손녀딸은 지금 할머니의 몸을 만지듯 놋그릇을 닦아내고 있다. 그리하여 녹은 손등의 심줄, 청상의 가슴에 뚫린 멍이 되고, 그 멍들은 수십 년이 지난 이제사 손녀딸의 손끝에서 황금빛으로 승화된다. 마찬가지로 어머니의 정화수에 비쳐오던 아버지의 모습도 얼굴을 내밀면서 화자 안에서 하나가 된다. 할머니와 어머니의 그 힘든 세월은 이제 화자의 손 안에서 몽울몽울 배롱나무꽃을 피운 채로, 산호비녀를 꽂은 모습으로 피어난다.

어디 그뿐인가. 시인은 이제 힘없는 자식 아이까지 거둬 감싸안는다. 우리는 여기서 세상에 대한 결벽증으로 시작한 강려후의 시가 결국은 이 땅의 어머니와 자식들을 껴안기 위한 과정으로 확장되고 있음을 알 수 있다.

장미정원
을 거쳐 온 바람도 얼음산에 핀 한 송이 꽃도 저 코 꺾을 수 없음이다 석고상처럼 무표정한 안하무인의 어미,

저 어미의
눈에는 아무도 들어가지 못한다. 우뚝하게 세운 당신의 분신뿐, 주위는 온통 해수면 아래에 있다 약하고 어린 아이를 둔

둥근 달빛
—「계수나무에 걸린 코」 전문

이 시는 달 속에서 어머니를 발견한다. 그것은 개인이면서 또한 세상의 모든 어미라 할 수 있다. 그 달 속에는 코도 눈도 있다. 코는 얼굴의 부위 중에서 많은 부분을 차지하면서 얼굴 중앙에 오뚝하게 자리잡고 있는 기관이고, 눈은 뚫려 있는 부위이다. 달 속에서 시적 화자가 보는 코와 눈은 아마 볼록하게 나온 부분과 쑥 들어간 부분을 지칭하고 있으리라 생각된다. 달에서 불룩하게 나온 부분을 꺾을 수 없듯이 어머니의 자식에 대한 집착과 헌신은 아무도 말릴 수 없는 것이다. 아울러 움푹 파인 어머니의 눈에는 "당신의 분신"인 자식만 들어갈 수 있을 뿐. 다른 이들은 다 "해수면 아래에 있다." 이 모든 것은 "약하고 어린 아이를 둔" 어미의 마음 때문이다. 사랑을 하게 되면 세상의 중심이 내 안에서 이동하여 바깥으로 번진다고 한다. 시적 화자는 어미인

자신의 몸을 달로까지 확산시키면서 힘없고 나약한 자식을 껴안고 있다. 어미가 없으면 안 되는 것들, 이 세상에서 남들은 돌보지 않는 것들, 하잘것없는 것들에까지 두루 미치는 이 눈길들.

손에 잡히는 대로 읽어보아도 "벽오동 파르르/꽃빛 부시다"(「새벽비」), "떨리는 손끝으로/떨며 떨며 빗어 바쳤나"(「떨잠」), "그대 눈길에 파르르 떠는/영원한 유월의 신부로요"(「부토니아」), "전율하듯 청중앞에 우뚝 서지만"(「러시아 少女」) 등에서 나타나듯 망설임, 말없음, 떨림 등으로 현현하던 그의 시들은 시적 화자의 마음을 자연현상에 이입시키는 투사의 속성을 통해 자신의 뿌리인 여성들, 나아가 자식들을 애틋하고 소중하게 껴안고 가는 어미의 시선으로 이동하고 있음을 알 수 있다. 초라하고 희미한 것들, 다른 이들의 눈길 한번 받지 못한 것들까지 말없이 보듬어 안는 이 시선은 모성적인 것이 아닐 수 없다. 그런 점에서 강려후의 시는 여성성이 누구보다도 농후하다고 할 수 있다. 세상에 대한 결벽은 오히려 모성의 발현으로 크게 성숙되기 위한 예비단계이었던 셈이다.

강려후 시집

향은 고요해 소리 없고

인쇄| 2007년 5월 10일
발행| 2007년 5월 20일

글쓴이|강려후
펴낸이|장호병
펴낸곳|북랜드
110-999 서울 종로구 신문로1가 오피시아 1406호
대표전화 (02) 732-4574 | (053) 252-9114
팩시밀리 (02) 734-4574 | (053) 252-9334

등록일| 1999년 11월 11일
등록번호| 제13-615호
홈페이지| www.bookland.co.kr
이-메일| bookland@hanmail.net

편집주간| 곽흥렬
책임편집| 김인옥
영　업| 최성진

ISBN 978-89-7787-433-6 03810

값 7,000 원